SUSTAINABLE DEVELOPMENT GOALS 어린이가 꼭 알아야 할 지속가능발전목표

슬기로운 지구 생활

04 숨 쉬는 바다

글 새런 테일러 | 그림 엘리사 로치
옮김 김영선 | 감수 윤순진

다섯
어린이

SUSTAINABLE DEVELOPMENT GOALS

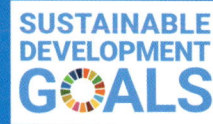

지속가능발전목표

다산북스는 유엔의 지속가능발전목표를 지지합니다.

2015년 유엔(UN, 국제연합)은 지구와 우리의 삶에 영향을 미치는 가장 심각한 문제들을 해결하기 위해 '지속가능발전목표'를 세웠어. '지속가능발전'이란 미래를 위해 환경을 보호하고 사회·경제적 자원을 낭비하지 않으면서 현재의 우리 삶을 더 좋은 방향으로 발전시키는 것을 말해. 이를 위해 전 세계가 2016년부터 2030년까지 달성할 17가지 목표를 정한 거야. 지속가능발전목표는 국가뿐 아니라 시민 하나하나가 일상생활에서 노력해야 이룰 수 있어.

지구를 숨 쉬게 하는 소중한 바다의 생태계를 보호하려면 어떻게 해야 할까?

슬기로운 지구 생활을 위해!

- 해양오염을 막고 바다의 산성화를 줄이기. 특히 사람이 육지에서 벌이는 활동으로 인해 바다가 오염되지 않도록 하기.
- 해양과 해안 생태계를 보호하기.
- 불법 어업과 물고기 남획을 막기 위해 더 엄격한 법을 도입하고 어류의 수를 늘리는 과학적인 방법을 개발하기.
- 생태계를 파괴하는 어업 방식을 바꾸기.
- 바다와 해안 지역을 보호하고 보존하는 방법을 계속 연구하기.
- 가장 지속 가능한 방법으로 관광산업을 키우기.
- 해양 기술에 대한 과학적 지식을 늘리기.

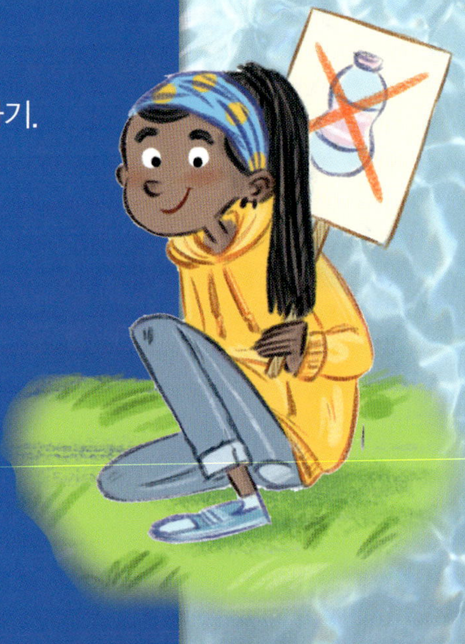

차례

6-7	작디작은 행성 하나
8-9	움직이는 바다
10-11	지구온난화
12-13	식물성 플랑크톤
14-15	높아지는 해수면
16-17	바다 생물 서식지 보호하기
18-19	멸종 위기 바다 생물
20-21	심각한 바다 쓰레기
22-23	플라스틱 쓰레기
24-25	해양 생태계
26-27	산호초를 지키자
28-29	해로운 어업 방식
30-31	관광과 무역
32	성공적인 모범사례
33	찾아보기

작디작은 행성 하나

우리는 거대하고 거대한 우주 안의 작은 행성에 살고 있어.

우리가 관측할 수 있는 우주에만 1,000억 개의 은하가 있어. 그러니 우리가 보지 못하는 우주 전체에는 얼마나 많은 은하가 있겠니? 각각의 은하 안에는 또 수많은 행성이 있어. 지구가 속한 '우리은하'의 행성만 해도 약 10조 개나 되지. 그러니까 우리 인간은 엄청나게 거대한 우주의 아주 작디작은 한 부분일 뿐이야.

지구는 특별해!

지구는 매우 특별한 곳이야. 과학자들은 암석으로 뒤덮인 행성과 가스로 가득 찬 행성, 뜨거운 행성과 차가운 행성, 둥근 행성과 납작한 행성 등 여러 종류의 행성을 찾아냈지만, 물이 있는 행성은 아직 발견하지 못했어. 더구나 지구처럼 표면의 71퍼센트가 물로 덮인 행성은 당연히 찾지 못했지.

물이 중요한 이유는 물이 있는 곳에 생명이 있기 때문이야. 동식물은 물론이고 우리 인간도 물이 없으면 절대로 살 수 없어. 우리 몸의 60퍼센트가 물이고, 우리가 먹는 식량도 물이 있어야 자라지.

물이 이렇게 중요하니까 사람들이 물을 아주 소중하게 여길 것 같지?

하지만 안타깝게도 늘 그렇지는 않단다.

움직이는 바다

먼저 바다부터 이야기해 볼까? 바다는 지구 표면의 4분의 3이나 차지할 정도로 엄청나게 넓어.

얼핏 보면 깊은 물웅덩이같이 가만있는 것처럼 보이지만, 바다는 끊임없이 움직이며 변하고 있어.

바람의 영향을 받는 해류를 비롯해 밀물과 썰물, 해수면의 온도, 심해(깊은 바다)와 해안의 온도 등 여러 요인으로 인해 바다는 쉼 없이 움직인단다.

그리고 바다의 움직임이 지구의 기후를 결정하는 거야.

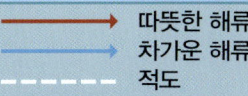
따뜻한 해류
차가운 해류
------ 적도

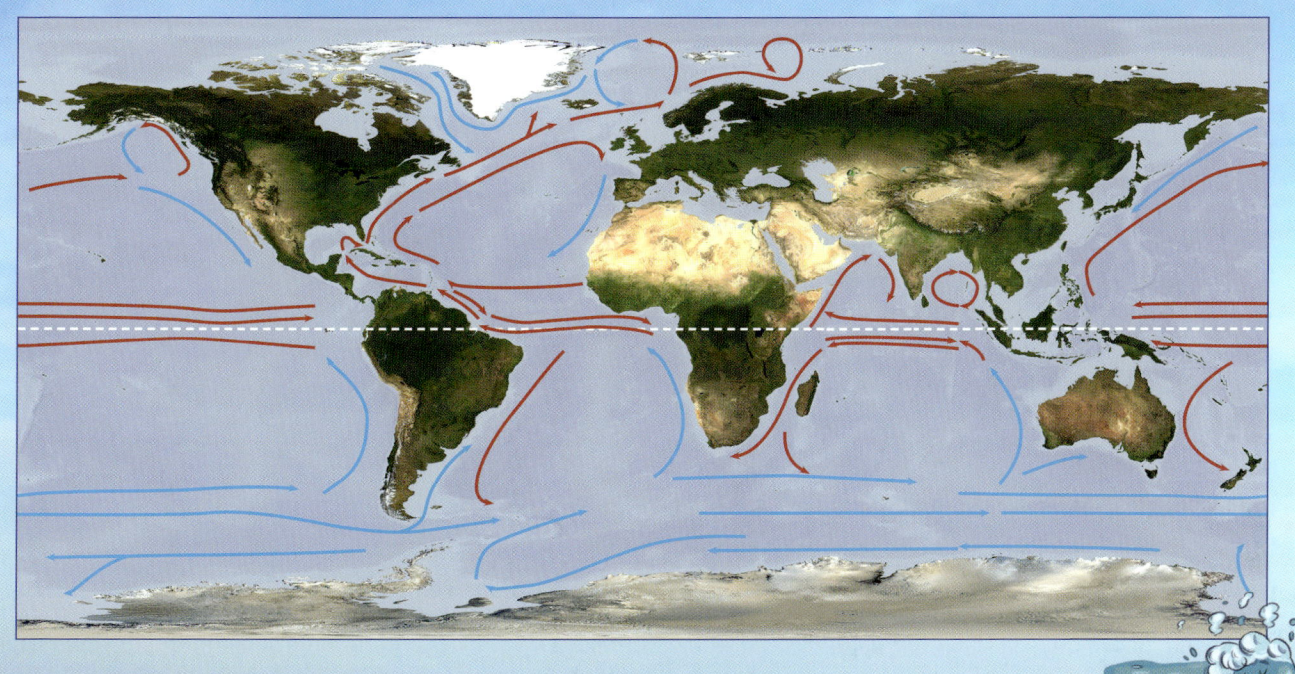

지구온난화

지구의 온도가 오르고 있어. 그것도 아주 빠르게 말이야!
지구온난화는 이산화탄소와 메탄 같은 여러 온실가스 때문에 일어나고 있어. 온실가스가 지구의 열이 우주로 빠져나가지 못하도록 대기에 가두면서 기온이 높아지는 거야. 그러면 바닷물의 온도도 당연히 올라가겠지?
그런데 바닷물이 따뜻해지면 수많은 바다 생물의 삶이 위험해진단다.

 ## 바다 온도가 올라가면

바다에 사는 모든 동식물은 자기가 사는 바닷물 온도에 이미 적응한 상태야. 온도는 생물의 몸과 행동 방식, 번식 등에 영향을 미치기 때문에 적절한 온도는 바다 생물의 생존에 필수적인 요소지.
바다가 따뜻해지면 많은 바다 생물이 바뀐 온도에 적응해야 해. 그러지 못하면 알맞은 온도의 바다를 찾아 서식지를 옮겨야 하지. 실제로 지구온난화 때문에 북해에 사는 어류 중 일부는 새로운 서식지를 찾아 북쪽이나 더 깊은 바다로 이동했어.

지구온난화의 주범은 바로 온실가스야. 온실가스는 석탄이나 석유, 천연가스 같은 화석연료를 태울 때 많이 발생하지. 요리를 하거나 난방을 할 때, 자동차를 움직일 때 대부분 화석연료를 사용하는데 이때 바로 대기오염 물질과 이산화탄소 같은 온실가스가 나오는 거야.
지구에 피해를 입히는 이산화탄소를 대부분 흡수하는 것이 바로 지구의 바다란다. 따라서 우리 모두 생활 습관을 바꿔 이산화탄소 배출량을 줄이고 바다를 보호하는 방법을 찾아야 해.

지구 마을 뉴스

온난화를 막는 청정에너지 넷

지구온난화가 더 심해지는 것을 막기 위해 가장 먼저 해야 할 일은 깨끗한 에너지를 사용하는 거야.

1. 태양의 열과 빛, 즉 태양에너지를 이용하면 깨끗한 전기를 만들 수 있어. 특수한 거울과 렌즈로 만든 태양열 집열판을 이용해서 태양의 열을 모으고, 금속과 반도체로 구성된 태양 전지판으로는 태양광을 흡수하여 전기를 만들지.

2. 약한 바람으로도 풍력발전기의 날개를 돌릴 수 있어. 날개가 돌아가는 힘으로 전기를 만들면 해로운 가스가 나오지 않아.

3. 이제 자동차가 움직일 때 꼭 석유가 필요한 건 아니야. 오늘날 자동차는 전기와 수소, 심지어 공기로도 달릴 수 있어!

4. 바다는 청정에너지를 만드는 데도 도움이 돼. 파도를 비롯해 밀물과 썰물의 움직임을 이용해서 발전기를 돌리면 깨끗한 전기에너지를 만들 수 있지.

식물성 플랑크톤

바다는 지구의 생물들이 살아 숨 쉬는 데 아주 중요한 역할을 해. 바다가 지구에 필요한 대부분의 산소를 만드는 동시에 지구에 필요 없는 이산화탄소를 흡수하거든.

바다가 산소를 만드는 건 바다에 사는 식물과 식물성 플랑크톤 덕분이야. 플랑크톤은 물의 흐름에 따라 떠다니는 아주 작은 생물이지. 바다 식물은 해초나 해조류라고 부르는데, 우리가 잘 먹는 미역과 김, 파래가 모두 해초란다.

바다 식물과 식물성 플랑크톤은 광합성을 통해 산소를 내뿜어. 광합성은 식물이 햇빛을 이용해 이산화탄소와 물을 산소와 포도당 같은 양분으로 만드는 과정이야.

⚠️ 위험한 적조 현상

바닷물이 따뜻해지거나 집과 농장, 공장의 폐기물이 바다로 흘러 들어가면 생물에 치명적인 조류(식물성 플랑크톤)가 번성하게 돼.

이때 붉은색의 식물성 플랑크톤이 바다의 표면을 뒤덮어서 붉게 보이는 현상을 '적조'라고 해. 적조를 일으키는 플랑크톤에는 독소가 있어서 물고기나 조개가 갑자기 죽거나 어패류에 독성이 생겨 먹을 수가 없게 되지. 또한 이런 독성은 공기 중으로도 퍼져서 대기오염을 일으켜. 한마디로 적조 현상은 사람에게도 무척 해롭단다.

지구에 이로운 바다 생물 셋

해로운 이산화탄소를 흡수하고 이로운 산소를 내뿜는 바다 생물을 소개할게.

1. 아열대나 열대 지역의 해안가에 키가 작은 맹그로브 나무가 많이 자라고 있어. 맹그로브는 이산화탄소를 흡수하는 능력이 뛰어나서 공기를 깨끗하게 만드는 데 도움이 되지.

2. 바닷물에 잘 녹는 철분은 식물의 광합성에 꼭 필요한 성분이야. 그래서 바다에 철분이 많으면 식물성 플랑크톤이 늘어나서 동물성 플랑크톤의 먹이가 된단다. 동물성 플랑크톤은 다시 물고기의 먹이가 되고 말이야.

3. 다시마 등의 해조류와 식물성 플랑크톤은 탄소를 가두어서 해로운 이산화탄소를 줄일 수 있어.

배에서 철 가루를 바다로 뿌리면,

철 가루가 식물성 플랑크톤의 영양분이 되어 플랑크톤이 늘어나지.

쓰임을 다한 철 가루는 바다 밑으로 가라앉아.

높아지는 해수면

지구온난화로 대기와 해양, 육지의 온도가 올라서 만년설(아주 추운 지방과 높은 산지에서 녹지 않고 쌓여 있는 눈)과 빙하가 녹아내려. 그러면 물이 늘어나서 해수면이 상승하고 홍수가 발생하지. 지금 이 순간에도 지구 표면의 약 10퍼센트를 덮고 있고, 깊이가 최대 2킬로미터에 달하는 북극과 남극의 빙하가 녹고 있어.

⚠️ 따뜻하면 늘어나는 물

해수면이 지금 같은 속도로 높아지면 2100년에는 1미터 35센티미터 이상 상승할 거야. 그러면 저지대의 섬과 바닷가 마을, 해안 도시가 물에 잠길 수 있단다.

1700년대 중반에 산업화가 시작된 뒤로 줄곧 해수면이 빠르게 높아졌어. 오늘날 지구온난화로 바닷물의 온도가 올라가면서 해수면이 상승하는 속도도 한층 더 빨라지고 있지.

물은 따뜻하면 부피가 커지는 성질이 있어. 그래서 바닷물의 온도가 올라가면 해수면이 상승하는 거야.

피해를 줄이는 좋은 방법 넷

해수면이 올라감으로써 입는 피해를 줄이기 위해 여러 방법을 시도하고 있어.

1. 여러 나라와 단체가 해수면이 올라가면 장기적인 피해를 입을 것으로 예상되는 지역과 해안가 등을 주의 깊게 관찰하면서 도움이 필요할 때마다 지원하고 있어.

2. 물을 빼내는 배수 시설을 잘 갖추면 바닷물이 넘쳐 홍수가 날 때 물을 다시 바다로 내보낼 수 있단다.

3. 파도를 막는 방파제는 해변이 깎이고 해안 절벽이 무너지는 것을 막는 데 큰 도움이 되지.

4. 열대지방에서는 해일이 닥칠 때 자연 방파제의 역할을 하는 맹그로브 나무를 많이 심고 있어.

바다 생물 서식지 보호하기

지구 표면의 71퍼센트를 덮고 있는 바다는 수많은 생물의 집이기도 해. 과학자들도 얼마나 많은 생물이 바다에 살고 있는지 모두 밝혀내지 못했지만, 많은 종이 아주 빠르게 줄어들고 있다는 사실만은 확실하단다.

문제는 바다 생물의 서식지가 태풍이나 쓰나미 같은 일시적인 자연재해뿐만 아니라 인간의 활동 때문에 지속적으로 파괴되고 있다는 거야.

번식지가 위험해

동물들이 짝짓기하고 새끼를 낳기 위해 찾는 장소를 번식지라고 해. 바다 동물은 대부분 바다와 강이 만나는 습지나 강물이 바다로 흘러가는 어귀의 얕은 물에서 태어나고 자라지.

갓 태어난 바다 동물의 새끼는 몇 달 동안 바닷가에서 부모의 보호 아래 자라는 경우가 많아. 그런데 이 바닷가 유아원이 위험에 처했어. 극단적인 기상 현상과 해안가의 개발 행위로 바닷가가 파괴되고 있기 때문이야.

하지만 해수면이 높아지면서 번식지가 많이 파괴되었어. 바다 동물의 번식지를 지키지 않으면 2100년까지 바다 동물의 절반 이상이 멸종 위기에 처할 거야.

한 번 더 생각해 보기

강이나 강어귀를 가로질러 둑이나 댐을 지으면 홍수도 막고, 물이 필요한 곳으로 흐르도록 물길을 바꾸거나 전기를 생산할 수 있어.
하지만 댐이 물고기가 번식지로 이동하는 길을 막아서 물고기의 수가 줄어들었어. 또한 댐은 바다로 흘러가는 강물의 자연스러운 흐름을 방해하고, 댐 안에서의 물 흐름 속도가 느려져서 댐 바로 안쪽에 진흙과 모래가 쌓이기도 해.

바다 생물을 보호하는 방법 셋

바다 생물을 보호하기 위해 세계가 어떤 노력을 기울이고 있는지 알아보자.

1. 2009년, 해양학자 실비아 얼은 오염과 기후변화, 불법 어업 등의 위험으로부터 바다와 바다 생물을 보호하기 위해 '미션블루(Mission Blue)'라는 프로젝트를 시작했어. 200개 이상의 해양 보호 단체가 참여해 세계 곳곳에서 해양 보호구역을 만들기 위해 함께 노력하고 있지.

2. 세계자연보전연맹은 자연과 천연자원을 보호하기 위해 만든 국제기구야. 파괴된 해양 서식지를 대신하는 조수 웅덩이를 바닷가 바위에 만드는 사업도 지원하고 있어. 조수 웅덩이는 밀물 때 잠겼다가 썰물 때도 물이 남아 있는 곳으로 다양한 바다 생물의 서식지가 되고 있어.

3. 바다거북은 1억 1,000만 년 넘게 지구의 바다를 누비고 있어. 그런데 해양 오염과 무분별한 남획으로 인하여 멸종 위기에 몰렸어. 번식지를 보호하고 새끼 거북의 방생을 돕는 '바다거북 입양' 프로그램에 참여하면 바다거북의 멸종을 막는 데 도움이 된단다.

멸종 위기 바다 생물

현재 2,000종이 넘는 바다 생물이 멸종 위험에 처했어.

점점 더 늘고 있어

세계자연보전연맹은 멸종 위기 동식물을 정리해서 '적색목록'을 발표하고 있어. 안타깝게도 적색목록에 많은 바다 생물이 포함되어 있는데 계속 새로운 생물이 추가되고 있단다.

몽크바다표범
몽크바다표범의 수가 전 세계적으로 줄어들고 있어. 먹이를 구하러 다니다가 고기잡이 그물에 걸려 죽는 경우가 많아.

- 흰고래
- 일각돌고래
- 갈라파고스펭귄
- 헥터돌고래
- 날개다랑어
- 푸른바다거북
- 대모거북
- 보리고래
- 바다사자
- 큰양놀래기
- 고래상어
- 바다거북
- 해양 갈조류
- 칼리블레파리스 킬리아타

거북
지구온난화로 거북의 서식지가 파괴되면서 많은 종의 거북이 멸종할 위기에 놓였어. 그런데도 사람들이 거북의 등껍질로 장신구나 장식품을 만들기 위해 불법으로 거북을 사냥하고 있어.

아프리카펭귄
아프리카에 사는 아프리카펭귄의 여러 서식지가 배의 기름 유출 사고로 파괴되었어. 또한 인간의 과도한 어업 때문에 먹잇감이 줄어들면서 아프리카펭귄의 삶이 더욱 어려워졌지.

해마

해마는 머리가 말처럼 생긴 물고기야. 모두 40여 종이 있는데, 수심이 얕고 해초가 많은 서식지가 파괴되어 대부분 멸종 위기 상태란다.

점점 더 줄고 있어

아래는 야생에 사는 수가 확 줄어든 바다 생물이야.

- 참다랑어 2만 6,000마리
- 흰긴수염고래 1만 마리
- 남방해달 3,000마리
- 상괭이 1,800마리
- 쿡인렛흰고래 300마리
- 바키타돌고래 10마리

해초

수심이 얕고 육지와 가까운 바다에서 50종이 넘는 해초가 살고 있어. 해초는 탄소를 저장하는 중요한 일을 하지만 폭풍과 오염, 선박의 운행, 어업 등으로 서식지가 파괴되면서 멸종 위기에 처했지.

귀상어

귀상어는 아주 비싸게 거래되는 등지느러미 때문에 마구 사냥당하고 있어. 많은 나라에서 귀상어를 포함해 상어 사냥을 법으로 금지했지만 불법 사냥은 계속되고 있지.

심각한 바다 쓰레기

매일 수천 톤의 쓰레기가 바다로 떠내려가고 있어. 바다 쓰레기 중에서 가장 많은 양을 차지하는 것은 모두 플라스틱이야. 미세 플라스틱이 들어 있는 담배꽁초, 음식 포장 용품, 노끈, 그물, 페트병, 페트병 뚜껑, 쇼핑백 등등 종류도 다양하지.

외딴 무인도에도 쓰레기가 많아. 쓰레기가 조류(바닷물의 흐름)와 바람에 밀려 무인도에 이르는 거야. 이 때문에 바다의 동식물이 몸살을 앓고 있어. 특히 수많은 배에서 버려지는 쓰레기와 유출되는 기름 때문에 큰 피해를 입고 있지.

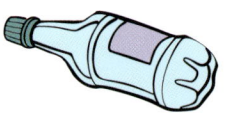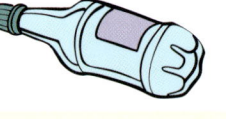

 쓰레기와 기름

하와이의 카밀로 해변은 플라스틱 해변으로 불리고 있어. 해마다 15~20톤에 이르는 플라스틱 쓰레기가 이곳으로 밀려와 지구에서 가장 더러운 해변 중 하나가 되었기 때문이야.

2017년, 중국의 강에서 배가 뒤집히는 사고가 일어나서 90톤 이상의 팜유가 유출되었어. 이 기름이 홍콩 해변까지 밀려와 해변에 악취가 풍기고 수많은 물고기가 죽었단다.

이 사진은 남아메리카에 있는 가이아나의 쓰레기 문제를 잘 보여 주고 있어. 이곳은 또한 건축 공사와 해안가의 침식으로 인해 바다에 진흙이 가득하고 물이 갈색빛을 띠고 있지.

하와이와 캘리포니아 사이의 북태평양에는 쓰레기가 너무 많이 모여서 거대한 섬이 되었어. 이곳을 '태평양 거대 쓰레기 지대' 또는 '쓰레기 섬'이라고 부르는데 면적이 수백만 제곱킬로미터로, 한국보다 16배 정도 크단다.

지구 마을 뉴스

깨끗한 바다를 만드는 노력 넷

해변을 청소하고 바다 환경을 좋게 만든 일에 우리도 힘을 보탤 수 있어.

1. '테이크3(Take 3)'이라는 단체는 바다에 갈 때마다 쓰레기를 3개씩 주워 오는 운동을 펼치고 있어.

2. 인도 청년 아프로즈 샤는 2015년부터 매주 일요일 오전 인도의 뭄바이 해변에서 쓰레기를 줍기 시작했어. 그 뒤로 뜻을 같이하는 사람이 무려 20만 명으로 늘어서 지금은 세계에서 가장 큰 해변 청소 활동으로 발전했지.

3. 환경단체 '오션클린업(Ocean Cleanup)'은 바다에 높이 3미터쯤 되는 거대한 그물 울타리를 설치해서 플라스틱 쓰레기를 수거하고 있어. 해류의 반대 방향으로 그물 울타리를 끌고 가면서 해류를 타고 떠내려오는 쓰레기를 모으는 방식이야.

4. 6월 8일은 '세계 해양의 날'이야. 세계 해양의 날을 기념하며 바다를 보호하기 위해 어떤 일을 할 수 있을지 찾아보자.

플라스틱 쓰레기

바다의 플라스틱 쓰레기 문제는 정말 심각해. 해마다 최소 800만 톤의 플라스틱이 바다로 흘러가고 있어. 플라스틱은 썩거나 분해되지 않기 때문에 바다에 계속 쌓일 뿐이야.
지금 추세가 계속될 경우 2050년이 되면 바닷속 물고기를 모두 합친 무게보다 플라스틱 쓰레기의 무게가 더 많아질 거래.

 먹이가 아니야!

수많은 바다 동물의 배 속에서 플라스틱이 발견되었어. 바닷새는 종의 절반 이상에서, 바다거북은 모든 종에서 플라스틱이 나왔지. 바다 동물이 플라스틱 쓰레기를 먹고 있다는 뜻이야.

앨버트로스와 펠리컨은 커다란 부리로 해수면을 훑는 습성이 있어서 물에 떠다니는 플라스틱 쓰레기가 많을수록 위험해.

진짜 먹이가 들어갈 공간이 없을 만큼 위가 플라스틱으로 가득 찬 바닷새도 있어. 먹이를 먹지 못해서 몸무게가 줄고 건강이 위험한 상태로 발견되지. 뾰족한 플라스틱 조각을 삼켜서 장기가 손상되는 동물도 많아.

바다에 둥둥 떠다니는 비닐봉지는 아기 거북 눈에 맛있는 해파리로 보인대. 먹이인 줄 알고 비닐봉지를 삼킨 거북은 먹이를 먹어도 소화할 수 없어서 결국 죽게 되지.

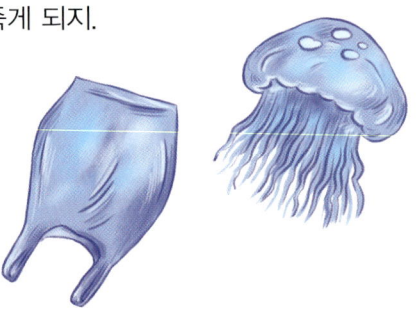

바다에 버려진 플라스틱은 시간이 흐를수록 부서지고 닳아서 아주 작아지지. 이 미세 플라스틱은 눈에 잘 보이지 않기 때문에 바다 동물이 무심코 삼킬 가능성이 높아.
치약이나 화장품의 성능을 높이기 위해 미세 플라스틱을 일부러 넣는 경우도 있어. 이건 환경에 나쁜 영향을 끼치기 때문에 많은 나라가 사용을 금지하고 있단다.

지구 마을 뉴스

플라스틱을 줄이는 노력 셋

바다의 플라스틱 쓰레기를 줄이는 방법도 다양하단다.

1. 2010년, 환경운동가 데이비드 드 로스차일드는 바다의 플라스틱 쓰레기와 환경문제에 대한 관심을 불러일으키기 위해 미국 샌프란시스코에서 호주 시드니까지 약 1만 5,000킬로미터를 항해했어. 항해할 때 사용한 '플라스티키'라는 이름의 배는 페트병 1만 2,500개와 재활용 플라스틱으로 만들었지.

2. 플라스틱을 덜 쓰고 쇼핑할 때 비닐봉지 대신 장바구니를 이용하면 플라스틱 쓰레기를 줄일 수 있어.

3. 해초를 더 많이 심는 것도 바다의 플라스틱 쓰레기를 청소하는 좋은 방법이야. 해초가 미세 플라스틱과 합성섬유를 세탁할 때 나오는 미세 플라스틱 섬유를 체처럼 걸러 주거든.

아껴 쓰기!
재사용하기!
재활용하기!

해양 생태계

생태계는 특정 환경에서 다양한 동식물 등의 생물 요소와 햇빛, 공기, 물 등의 비생물 요소가 서로 영향을 주고받는 체계를 일컫는 말이야.

생태계 속 모든 생물은 생태계가 건강하게 유지되도록 도와주지. 그리고 모든 생물은 먹이사슬로 연결되어 있어. 먹이사슬은 생물들이 먹고 먹히는 관계가 사슬처럼 연결된 거야. 식물성 플랑크톤이나 식물을 아주 작은 동물이 먹고, 이 동물을 더 큰 동물이 잡아먹는 식이지.

바다의 먹이사슬

3차 소비자
거대한 상어, 돌고래, 이빨고래류, 물개
▼
2차 소비자
어류, 작은 상어, 산호, 수염고래류
▼
1차 소비자
동물성 플랑크톤, 작은 어류와 갑각류
▼
생산자
식물성 플랑크톤과 조류

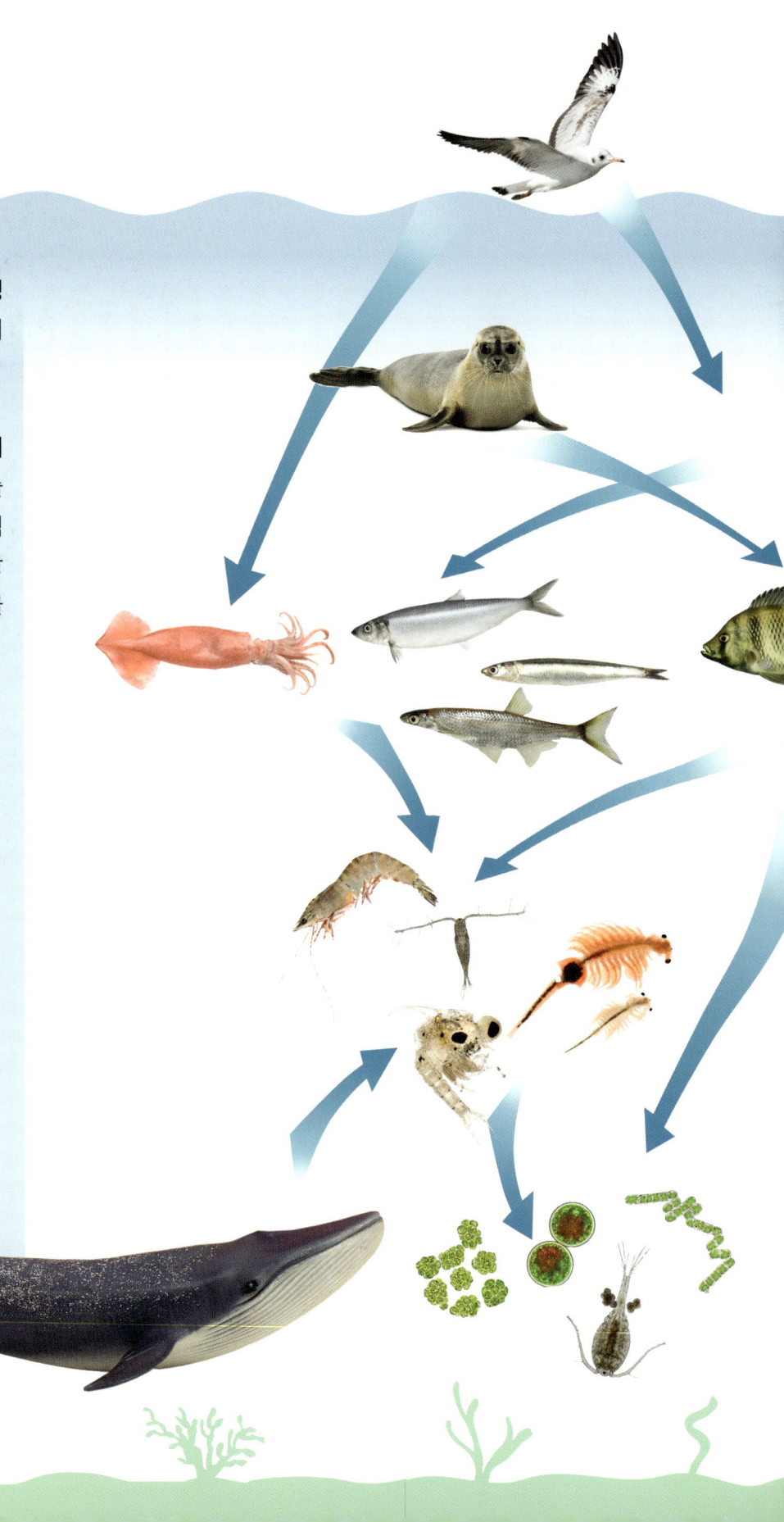

화석연료를 태울 때 발생하는 이산화탄소가 바다에 녹아들면 바닷물의 산성도가 증가해. 그리고 바닷물이 오염되어 산소가 너무 부족하면 대부분의 바다 생물이 살 수 없는 '데드존(dead zone)', 즉 죽음의 바다가 되지. 데드존이 발생하면 작은 생물부터 차례로 죽으면서 먹이사슬이 깨지고 해양 생태계 전체가 위험에 빠질 수 있어.

오늘날 전 세계 해양 생태계의 60퍼센트가 지구온난화와 자연재해, 인간의 파괴적인 행태 때문에 위기에 처했어. 가장 큰 고래부터 가장 작은 플랑크톤에 이르기까지, 모든 바다 생물이 멸종 위기에서 벗어나려면 우리가 바다를 더 많이, 더 잘 보호해야 한단다.

산호초를 지키자

해양 생태계에서 가장 중요한 것 중 하나가 바로 산호초야. 산호초는 집단을 이루며 사는 산호의 골격과 산호에서 분비되는 탄산칼슘이 수천 년 동안 서서히 쌓여서 만들어진 단단한 암초란다.

산호초는 전체 바다 생물 중 최소 25퍼센트가 사는 중요한 서식지이자 먹이 공급처야. 또한 큰 파도와 해일로부터 해안을 보호하는 방파제 역할을 하지.

산호 백화 현상

산호는 햇빛을 직접 받아야 살 수 있기 때문에 해안 근처의 얕은 물에 서식하고 있어.

그런데 플라스틱과 기름, 화학제품과 진흙으로 바다가 오염되고 바닷물의 온도가 높아지면서 산호의 몸속에서 산호에게 영양분을 주던 조류가 빠져나가는 현상이 일어났어.

조류가 사라져 영양분을 제대로 얻지 못한 산호는 결국 하얀색으로 변하며 죽게 되지. 이것을 백화 현상이라 부르는데, 이 역시 이산화탄소의 과도한 배출로 인한 기후변화의 영향이란다.

인간의 여러 어업 방식도 산호초에 큰 피해를 입히고 있어. 트롤선은 크고 무거운 그물을 바다 밑에 띄워 끌고 다니면서 마구잡이로 물고기를 잡아 올려. 바다 밑바닥을 긁으면서 해저에 붙어 있는 굴이나 가리비 등을 캐는 배도 있지. 이때 사용된 그물이 아무렇게나 버려져서 물고기를 죽이고 산호초를 파괴하며 해양 생태계를 위협하고 있어.

산호초를 보호하는 노력 넷

전 세계가 해양 생태계에서 아주 중요한 역할을 하는 산호초를 보호하려고 노력 중이야.

1. 산호초를 보존하고 보호하기 위해 일하는 국제단체들이 모여서 국제산호초보호계획이라는 기구를 만들었어.

2. 과학자들은 산호초가 여러 질병과 감염병을 치료하는 의약품의 중요한 원료가 될 것으로 보고 계속 연구 중이야.

3. 미국 해양대기청의 해양생물학자들은 실험실에서 아기 산호를 키운 다음, 플라스틱 상자 등으로 만든 '산호 유치원'에 옮겨 심는 방법으로 산호초를 재건하고 있어.

4. 인공 산호초를 만들면 해안이 깎이는 것을 막을 수 있을 뿐만 아니라 수많은 해양 생물에게 안전한 서식지를 제공할 수 있지.

해로운 어업 방식

물고기는 전 세계 사람들에게 먹을거리를 주고, 8억 명 이상에게 일자리를 제공하고 있어. 또한 바다가 탄소를 저장하고 열을 흡수하도록 돕기 때문에 물고기는 건강한 지구를 위해 꼭 필요한 존재란다.

하지만 오늘날의 여러 어업 방식 때문에 물고기의 수많은 서식지가 파괴되고 있어. 많은 어류와 여러 바다 동물이 생존에 위협을 받고 있지.

 ## 유령 어업

바닷속에는 사람이 물고기를 잡다가 버리고 가거나 태풍 등으로 떠내려간 그물이 많아. 그런데 물개와 거북, 먹이를 잡기 위해 바다로 다이빙하는 새 등 다양한 동물이 이런 그물에 걸려 죽고 있어. 이처럼 어부나 어선이 없는데 버려진 그물에 바다 생물이 걸려 다치거나 죽는 현상을 '유령 어업'이라 하지.

어린 물고기까지 마구 잡는 남획도 수많은 물고기의 생존을 위협해. 참치와 연어, 대구, 해덕대구 등은 새끼가 태어나서 자라는 속도보다 사람에게 잡히는 속도가 더 빨라서 개체 수가 급격히 줄고 있어.

폭파 낚시는 물속에서 폭발물을 터뜨린 다음 죽은 물고기가 물 위로 떠오르면 거두어들이는 낚시 방법이야. 동남아시아에서는 불법인데도 여전히 많이 이용되고 있어. 한 번의 폭발만으로도 많은 물고기를 잡을 수 있지만, 아주 위험한데다 바다 생물의 서식지를 파괴하는 방식이지.

과학자들은 하루빨리 어업 방식을 개선하지 않으면 우리가 먹기 위해 잡아들이는 모든 야생 해산물이 30년 안에 완전히 사라질 것이라고 경고했어.

지구 마을 뉴스

지속 가능한 어업 방식 셋

해양 생태계를 파괴하지 않는 어업 방식을 알아보자.

1. 많은 나라가 물고기의 수가 너무 줄어들면 어업시간이나 한 번에 잡는 물고기의 무게를 제한하고 있어. 물고기의 수가 충분히 늘어날 시간을 벌기 위해서야.

2. 굴이나 가리비를 수확하기 위해 바다의 밑바닥을 긁는 배를 이용하는 대신 잠수부를 쓰는 게 훨씬 친환경적이야. 환경도 보호하고 최상급 가리비만 가려서 채취하는 장점이 있단다.

3. 필리핀의 타그반와 부족은 1년 중 특정한 시기에, 바다의 일정한 구역에서만 물고기를 잡아. 또한 간단한 고리와 줄만 이용해서 자신들이 먹을 만큼만 잡아. 이런 방식으로 물고기를 잡으면 수산자원량이 자연스럽게 늘어날 거야.

관광과 무역

나라와 나라 사이에 무역이 이루어질 때 사고파는 상품들은 대개 바다로 운반하지. 그래서 바다에는 늘 많은 배가 떠다니고 있어.

이 밖에 관광객을 태우고 바다를 돌거나 바닷가의 호텔과 관광지를 오가는 유람선도 많지. 이런 모든 배가 바다 환경에 나쁜 영향을 미친단다.

관광과 무역의 영향

무역은 산업 활동에서 매우 중요한 역할을 해. 무역 덕분에 물건을 사고팔 수 있고 일자리도 많이 생기지. 하지만 화물을 운반하는 컨테이너선과 석유를 나르는 유조선에서 해로운 화학 물질이나 기름이 새어 나와 해양 생태계가 파괴되고 있어.

해안을 따라 관광산업이 발달하면 많은 일자리가 생기지. 하지만 바닷가에 건물을 너무 많이 짓고 지나치게 개발하면 바닷물과 해양 서식지가 오염될 수 있어.

관광객도 바다의 건강에 영향을 미치고 있어. 보트를 타거나 스쿠버다이빙과 스노클링을 즐기는 사람들이 바다 생물에 너무 가까이 다가가거나 큰 소리를 내면 바다 생물의 생활에 방해가 되지. 기름기 많은 선크림과 화학물질로 만든 화장품을 바르고 수영하는 것 역시 바닷물을 오염시키는 행동이야.

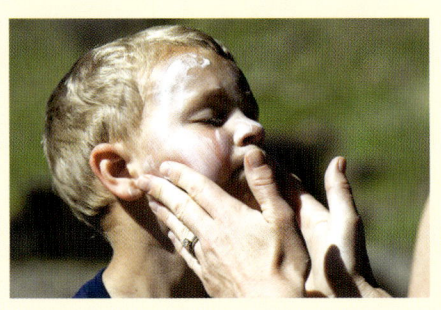

한 번 더 생각해 보기

물개와 범고래 공연을 하는 테마파크나 돌고래와 함께 헤엄치는 이벤트 등을 홍보하며 관광객을 끌어들이는 관광지가 많아. 하지만 물개와 고래처럼 똑똑한 동물에게 편하고 자연스러운 서식지는 물탱크나 수족관처럼 폐쇄된 공간이 아니라 확 트인 바다라는 사실을 꼭 기억해야 해.

바다를 보호하는 관광과 무역 셋

관광이나 무역을 할 때도 언제나 바다 환경을 해치지 않도록 노력해야 해.

1. 지금은 유조선을 만들 때 반드시 이중 선체 구조로 만들어야 해. 이중 선체 구조는 선박에 문제가 생겨도 기름이 유출되지 않도록 배의 바닥과 측면의 강판을 두 겹으로 만드는 거야.

2. 지역의 환경을 보호해야 관광산업도 계속될 수 있어. 관광객에게도 이런 내용을 알리고 협조를 구하는 것이 좋아.

3. '돌핀프로젝트'는 돌고래의 생명과 서식지를 보호하기 위해 활동하는 단체야. 돌고래를 잔인하게 포획하고 거래하는 것을 반대하는 캠페인도 벌이고 있지.

성공적인 모범 사례

많은 국가가 전 세계의 바다를 보호하려고 노력하면서 큰 성과를 거두고 있어. 그중 크로아티아와 케냐, 팔라우의 이야기를 소개할게.

크로아티아의 폐수 처리 시설

크로아티아는 해양오염 문제를 해결하기 위해 노력 중이야. 바닷가에 친환경 폐수처리 시설을 14개나 건설한 덕분에 바닷물이 엄청나게 깨끗해졌어.

팔라우의 보호구역

팔라우의 앞바다에는 산호 700종과 어류 1,300종이 살고 있어. 팔라우는 50만 제곱킬로미터에 이르는 인근 해역을 보호구역으로 지정하고 상업적인 어업을 금지했지. 이런 엄청난 노력 덕분에 보호구역의 어류 수가 벌써 2배로 늘었어.

케냐의 어부 자격증

케냐는 정부의 허가를 받은 사람만 물고기를 잡을 수 있도록 어부 자격증을 발급할 계획이야. 생태계 보호에 필수적인 맹그로브 숲의 벌목과 불법 어업을 막기 위해서란다.

생활 속 실천 방법 셋

우리도 해양 생태계를 보호하는 데 도움을 줄 수 있어.
1. 플라스틱을 덜 사용하기.
2. 해변을 청소하기.
3. 지속 가능한 어업 방식으로 잡은 생선 먹기.

아직 남은 과제

다음 나라들은 해결하지 못한 문제를 위해 조금 더 노력해야 해.

미국 : 플라스틱 폐기물
동남아시아 : 해양오염
중국 : 플라스틱 오염
덴마크 : 지속 가능한 어업
일본 : 지속 가능한 어업

찾아보기

거북 17, 18, 22, 28
광합성 12, 13
국제산호초보호계획 27
귀상어 19
기름 유출 18
기후변화 17, 26
남극 14
남방해달 19
다시마 13
데이비드 드 로스차일드 23
돌핀프로젝트 31
만년설 14
맹그로브 13, 15, 32
먹이사슬 24, 25
몽크바다표범 18
미국 해양대기청 27
미세 플라스틱 20, 21, 22, 23
미션블루(Mission Blue) 17
바다거북 17, 18, 22
바키타돌고래 19
발전기 11
배수 시설 15
번식지 16, 17
북극 14
북해 10
빙하 14

산호 24, 26, 27, 32
산호 백화 현상 26
산호 유치원 27
산호초 26, 27
생태계 24, 25, 26, 27, 29, 30, 32
서식지 10, 16, 17, 18, 19, 26, 27, 28, 30, 31
세계 해양의 날 21
세계자연보전연맹 17, 18
소비자 24
쓰레기 섬 20
실비아 얼 17
쓰나미 16
아프로즈 샤 21
아프리카펭귄 18
오션클린업(Ocean Cleanup) 21
우리은하 6
유령 어업 28
은하 6
이산화탄소 10, 12, 13, 25, 26
적색목록 18
적조 12
조류 12, 24, 26
지구온난화 10, 11, 14, 18, 25
참다랑어 19
철분 13
카밀로 해변 20

쿡인렛흰고래 19
타그반와 부족 29
태양 전지판 11
태양에너지 11
태평양 거대 쓰레기 지대 20
테이크3(Take3) 21
플라스티키 23
플랑크톤 12, 13, 24, 25
해마 19
해초 12, 19, 23
화석연료 10, 25
흰긴수염고래 19

글 | 새런 테일러
작가이자 교사로 골드스미스대학교와 데몬트포트대학교에서 공부하고, 2006년에 박사 학위를 받았습니다. 브램블키즈 출판사에서 출간한 여러 과학책과 연극·예술 관련 책에서 작가이자 편집자, 디자이너로 활약했습니다.

그림 | 엘리사 로치
이탈리아 볼로냐에서 태어났습니다. 어릴 때부터 그림 그리기와 이야기 짓기를 좋아했고, 볼로냐의 예술 고등학교와 예술 아카데미에 다니면서 그림 기법을 닦았습니다. 현재 밀라노에서 살며 어린이 책의 삽화를 그리고 있습니다.

옮김 | 김영선
서울대학교 영어교육과를 졸업하고, 미국 코넬대학교에서 문학 석사 학위를 받았으며 언어학 박사 과정을 수료했습니다. 2010년 《무자비한 윌러비 가족》으로 IBBY(국제아동도서위원회) 어너리스트(Honour List) 번역 부문의 상을 받았습니다. 어린이와 청소년을 위한 책을 우리말로 옮기는 일에 힘쓰며 지금까지 200여 권을 번역했습니다. 옮긴 책으로 《제로니모의 환상 모험》, 《구덩이》, 《수상한 진흙》, 《수요일의 전쟁》 등이 있습니다.

감수 | 윤순진
서울대학교 환경대학원 교수이며 한국환경사회학회 회장과 지속가능발전위원회 위원장을 역임하였습니다. 환경 에너지 문제와 기후변화 문제를 환경사회학과 정치경제학적 관점에서 연구하고 있으며, 국내외 학술지에 200여 편의 논문을 게재했고 60여 권의 국영문 단행본 출간에 공저자로 글을 발표하였습니다.

슬기로운 지구 생활
04 숨 쉬는 바다

초판 1쇄 인쇄 2022년 5월 4일 **초판 1쇄 발행** 2022년 5월 25일

글쓴이 새런 테일러 **그린이** 엘리사 로치 **옮긴이** 김영선 **감수** 윤순진
펴낸이 김선식

경영총괄 김은영
어린이사업부총괄이사 이유남
어린이콘텐츠사업6팀장 윤지현 **어린이콘텐츠사업6팀** 강별
어린이디자인팀 남희정 남정임 이정아 김은지 최서원
어린이마케팅본부장 김창훈 **어린이마케팅1팀** 임우섭 최민용 김유정 송지은 **어린이 마케팅2팀** 문윤정 이예주
저작권팀 한승빈 김재원 이슬
경영관리본부 하미선 이우철 박상민 윤이경 김재경 최완규 이지우 김혜진 오지영 김소영 안혜선 김진경
물류관리팀 김형기 김선진 한유현 민주홍 전태환 전태연 양문현
외부스태프 편집 홍효은 디자인 러비

펴낸곳 다산북스 **출판등록** 2005년 12월 23일 제313-2005-00277호
주소 경기도 파주시 회동길 490 **전화** 02-704-1724 **팩스** 02-703-2219
다산어린이 카페 cafe.naver.com/dasankids **다산어린이 블로그** blog.naver.com/sdasan
용지 한솔피엔에스 **인쇄** 한영문화사 **제본** 대원바인더리 **코팅 및 후가공** 평창피앤지

ISBN 979-11-306-8895-4 74400 979-11-306-8891-0 (세트)

* 책값은 표지 뒤쪽에 있습니다.
* 파본은 본사와 구입하신 서점에서 교환해 드립니다.
* KC마크는 이 재품이 공통안전기준에 적합하였음을 의미합니다.

All Together : Clean Oceans
Copyright © 2021 BrambleKids Ltd
Korean translation copyright © 2022 Dasan Books
Korean translation rights arranged with BrambleKids Ltd through LENA Agency, Seoul.
All rights reserved.

이 책의 한국어판 저작권은 레나 에이전시를 통한 저작권자와 독점계약으로 다산북스가 소유합니다.
신저작권법에 의하여 한국 내에서 보호를 받는 저작물이므로 무단 전재 및 복제를 금합니다.